어린 왕자
5년 후 나에게 :
Q&A a day

Le petit prince sur l'astéroïde B612.

Le Petit Prince®

언젠가 아프리카 사막을 여행하게 되면
부디 발걸음을 멈추고 별빛 아래에서 잠시 기다려보라.
그때 한 아이가 다가와서 미소를 지으면,
그 아이가 황금빛 머리카락을 흩날리고 있다면,
그리고 당신이 묻는 말에 대답하지 않는다면
내가 마냥 슬퍼하지 않도록 편지 한 통을 보내주기를 부탁한다.
그가 다시 돌아왔노라고…….

Le Petit Prince®

1

JANUARY

"만일 네가 오후 4시에 온다면
나는 3시부터 행복해질 거야.
4시가 가까워질수록 나는 점점 더 행복해지겠지.
마침내 4시가 되면 가슴이 두근거리고
안절부절못하게 될 거야.
그러면서 행복이 얼마나 소중한 것인지 깨닫게 돼."

★ ★ ★

What did you wish for the New Year?

새해 소원으로 어떤 것을 빌었어?

20

20

20

20

20

What was the first thing you thought of
when you woke up in the morning?

아침에 눈을 떴을 때 제일 먼저 떠오른 생각이 뭐야?

20

20

20

20

20

3

Remember what the clouds in the sky looked like today?

오늘 하늘에 떠 있는 구름이 어떤 모양이었는지 기억나?

20

20

20

20

20

How many times did you say "I love you." and "Thank you." today?

오늘 "사랑해" "고마워" 이런 말을 몇 번이나 했어?

20

20

20

20

20

5

What do you want to try out the most this year?

올해 안에 가장 도전해보고 싶은 것은 뭐야?

20

20

20

20

20

Can you compliment yourself on your hard work today
before you go to bed?

잠들기 전에 오늘 하루 열심히 살았다고 너 자신을 칭찬해줄래?

20

20

20

20

20

What do you keep thinking about among any lost items?

잃어버린 물건 중에 두고두고 생각나는 게 있어?

20

20

20

20

20

What topic are you most interested in these days?

요즘 네가 가장 관심 있게 고민하는 주제는 무엇이야?

20

20

20

20

20

Is there a song that goes around in your mouth
all day without realizing it?

자신도 모르게 온종일 입안을 맴도는 노래가 있어?

20

20

20

20

20

Do you have a friend that you want to contact after a long time?

오랜만에 생각나 연락해보고 싶은 친구가 있어?

20

20

20

20

20

11

Which of the things you encountered on the street today
was the most memorable?

오늘 길에서 마주한 것들 중 어떤 것이 가장 기억에 남아?

20

20

20

20

20

Who comes to your mind first when you're happy?

기쁜 일이 있을 때 제일 먼저 생각나는 사람은 누구야?

20

20

20

20

20

13

Who comes to your mind first when you are sad or lonely?

슬프거나 외로울 때 제일 먼저 생각나는 사람은 누구야?

20

20

20

20

20

Who is the first person you want to show off
when your long efforts pay off?

오랫동안 노력한 일이 결실을 맺었을 때
가장 먼저 자랑하고 싶은 사람은?

20

20

20

20

20

What do you want right now?

지금 가장 갖고 싶은 물건이 있어?

20

20

20

20

20

Is there a present that touched you recently?

최근에 받은 선물 중 너를 뭉클하게 한 게 있어?

20

20

20

20

20

17

What is your favorite movie? Why?

너의 인생 영화는 뭐야? 그 이유는?

20

20

20

20

20

What is your favorite book? Why?

너의 인생 책은 뭐야? 그 이유는?

20

20

20

20

20

19

How do you feel when you go home?

집에 돌아오면 어떤 기분이 들어?

20

20

20

20

20

Is there any new food you've been enjoying lately?

요즘 새로 맛들인 음식이 있어?

20

20

20

20

20

Do you listen to any music before you go to bed?

잠들기 전에 듣는 음악이 있어?

20

20

20

20

20

What kind of food do you want to cook for your friend or lover
if you invite them to your house?

친구나 연인을 집에 초대한다면 어떤 음식을 만들어주고 싶어?

20

20

20

20

20

Which city do you really want to travel to this year?

올해 꼭 여행하고 싶은 도시는 어디야?

20

20

20

20

20

What kind of person do you want to be remembered by others?

다른 사람에게 어떤 사람으로 기억되고 싶어?

20

20

20

20

20

25

What if you summarize today in three words?

오늘 하루를 세 단어로 정리해본다면?

20

20

20

20

20

Who spent the most time with you this week?

이번 주에 너와 가장 많은 시간을 보낸 사람은 누구야?

20

20

20

20

20

27

What is your current job?

현재 너의 직업은 뭐야?

20

20

20

20

20

What was the most grateful thing today?

오늘 하루, 가장 감사했던 일은 무엇이야?

20

20

20

20

20

29

What was the most upsetting thing today?

오늘 가장 속상했던 일은 무엇이야?

20

20

20

20

20

Which city would you like to try 'live a month'?

'한 달 살기'를 해보고 싶은 도시는 어디야?

20

20

20

20

20

Can you think of how many times you laughed so hard today?

오늘 몇 번이나 크게 웃었는지 떠올려볼래?

20

20

20

20

20

2

FEBRUARY

"어느 날은 태양이 지는 걸
마흔네 번이나 본 적도 있어!
있잖아, 사람은 너무 슬플 때
해 지는 걸 보고 싶거든……."

★　★　★

Are you in love with someone now?

지금 사랑하고 있어?

20

20

20

20

20

What do you think is the condition of a good friend?

좋은 친구의 조건은 무엇이라고 생각해?

20

20

20

20

20

3

What is your favorite TV program?

가장 좋아하는 TV프로그램은?

20

20

20

20

20

If you attended the wedding ceremony, who got married?

가장 최근에 참석한 결혼식은 누구의 결혼식이었어?

/0

/0

/0

/0

/0

How many times did you heard your name today?

오늘 너의 이름을 몇 번 들어봤어?

20

20

20

20

20

What is the latest purchase for yourself?

가장 최근에 너 자신을 위해 구입한 물건은?

20

20

20

20

20

7

What is your most favorite day of the year?

1년 중에 가장 좋아하는 날은?

20

20

20

20

20

If you could give yourself a nickname, what would it be?

네 별명을 스스로 붙여본다면?

20

20

20

20

20

Do you have any questions you would like to ask?

사람들한테 즐겨 하는 질문이 있어?

20

20

20

20

20

How are you feeling these days?

요즘 너의 컨디션은 어때?

/( )

/( )

/( )

/( )

/( )

Which animal do you want to raise, dog or cat?

강아지와 고양이 중에 기르고 싶은 동물은?

20

20

20

20

20

What is your happiest way to spend the weekend?

주말을 보내는 너만의 가장 행복한 방법은?

20

20

20

20

20

13

Can you tell me about your favorite clothes?

네가 가장 좋아하는 옷에 대해 설명해줄래?

20

20

20

20

20

Did you give chocolate to someone today?
What does he/she mean to you?

**오늘 누군가에게 초콜릿을 주었어?
그 사람은 너에게 어떤 의미야?**

/0

/0

/0

/0

/0

15

Have you ever talked to someone
you've never seen before?

처음 보는 사람에게 무작정 다가가서
말을 걸어본 적이 있어?

20

20

20

20

20

Is there anyone you want to get closer to?

더 가까워지고 싶은 사람이 있어?

/ ()

/ ()

/ ()

/ ()

/ ()

How would you like to write your first sentence
if you wrote your autobiography?

자서전을 쓴다면 첫 문장을 어떻게 쓰고 싶어?

20

20

20

20

20

What would you like to do
if today was the last day of your life?

오늘이 인생 마지막 날이라면 무엇을 하고 싶어?

20

20

20

20

20

Have you been deeply impressed lately?

최근에 크게 감동을 받은 적이 있어?

20

20

20

20

20

Do you think efforts can change things?

노력이 변화를 가져올 수 있다고 생각해?

/ 0

/ 0

/ 0

/ 0

/ 0

How do you feel when you think of your first love?

첫사랑을 생각하면 어떤 감정이 떠올라?

What is the most memorable conversation
you had with your parents today?

오늘 부모님과 한 대화 중 기억에 남는 것은 뭐야?

/ 0

/ 0

/ 0

/ 0

/ 0

What is your favorite song these days?

요즘 가장 자주 듣는 노래는?

20

20

20

20

20

What would you like to do if you had free time for a day?

하루 동안 자유시간이 주어지면 뭘 하고 싶어?

/ 0

/ 0

/ 0

/ 0

/ 0

If you were born again, what would you like to be?

다시 태어난다면 무엇으로 태어나고 싶어?

20

20

20

20

20

When did you made someone cry recently?

누군가를 울린 기억이 있어?

/0

/0

/0

/0

/0

Which do you prefer, summer or winter?

여름이 좋아, 겨울이 좋아?

/()

/()

/()

/()

/()

What is the best way to spend 50,000 won?

5만 원을 가장 잘 쓰는 방법은 무엇일까?

20

20

20

20

20

What did you do today in leap month of every four years?

4년에 한 번 있는 오늘, 무엇을 하면서 보냈어?

20

20

20

20

20

3

"아름다운 황금빛 머리카락을 지닌
네가 나를 길들인다면
밀밭이 황금빛으로 물결칠 때
네가 기억날 거야.
그러면 나는 밀밭을 스쳐 지나는
바람 소리마저 사랑하게 되겠지."

★　★　★

1

How many goals you decided to achieve this year?

올해 꼭 이뤄야 하는 분명한 목표가 몇 개 있어?

20

20

20

20

20

What is the happiness?

행복이란 뭐라고 생각해?

20

20

20

20

20

3

What's the most recent incident that embarrassed you?

최근에 가장 너를 당황하게 만든 사건은 뭐야?

20

20

20

20

20

Is there anything that makes your heart beat?

요즘 너의 가슴을 뛰게 하는 일이 있어?

20

20

20

20

20

5

What title should be used if you write autobiography?

너의 인생을 책으로 쓴다면 제목은 무엇이 될까?

20

20

20

20

20

Do you have a secret you haven't told anyone?

아무한테도 말하지 않은 비밀이 있어?

20

20

20

20

20

7

What do you do usually when you are alone?

혼자 있을 때 주로 뭘 해?

20

20

20

20

20

Is there something you don't want to hear
from someone else?

다른 사람에게 듣고 싶지 않은 말이 있다면?

20

20

20

20

20

9

When do you think it was a turning point in your life?

인생의 전환점이었다고 생각하는 때는 언제야?

20

20

20

20

20

What would you like to do first if you won the lottery?

복권에 당첨된다면 가장 먼저 무엇을 하고 싶어?

20

20

20

20

20

11

Is there a place where you go to cry alone?

혼자 울고 싶을 때 찾는 장소가 있어?

20

20

20

20

20

When you have a hard time, what do you think is the hope?

힘든 시기를 보낼 때, 희망이 되는 것은 뭐라고 생각해?

20

20

20

20

20

13

Have you read any books more than twice?

두 번 이상 읽은 책이 있어?

20

20

20

20

20

Did you get a special gift from someone today?

오늘 누군가에게 특별한 선물을 받았어?

20

20

20

20

20

15

If you could see your future,
what age would you like to check out?

너의 미래를 미리 볼 수 있다면
몇 살 때의 너를 확인해보고 싶어?

20

20

20

20

20

Are you satisfied with your life now? If not, why?

지금 너의 생활에 충분히 만족해? 그렇지 않다면 이유는?

20

20

20

20

20

17

Now, what's the consolation you need?

지금, 너에게 필요한 위로의 말은 뭐야?

20

20

20

20

20

How do you change when you love someone?

너는 누군가를 사랑할 때, 어떻게 변해?

20

20

20

20

20

19

What kind of parent do you want to be?

어떤 부모가 되고 싶어?

20

20

20

20

20

If you want to see someone now,
tell me his/her name and feel.

지금 누군가를 보고 싶다면, 그 사람의 이름과 느낌을 말해줘.

20

20

20

20

20

21

What kind of weather do you like?

어떤 날씨를 좋아해?

20

20

20

20

20

You think you can tell exactly when you fall in love with?

사랑에 빠지는 순간을 정확히 알 수 있을까?

20

20

20

20

20

23

What's in the bag you're holding?

지금 들고 있는 가방에는 뭐가 들어 있어?

20

20

20

20

20

Who did you meet most these days?
What were you doing when you met that person?

요즘 누구와 가장 많이 만나고 있어? 만나서 뭐 해?

20

20

20

20

20

Where was the last place you saw the sunrise?

마지막으로 일출을 본 곳은 어디였어?

20

20

20

20

20

What are the three things you must
take to the desert island?

무인도에 꼭 가져가야 할 세 가지는 뭘까?

20

20

20

20

20

27

What are the three things that
you must put in your own space?

너만의 공간에 꼭 놓아두는 세 가지는 뭐야?

20

20

20

20

20

Is there anything you always carry around with you?

항상 몸에 지니고 다니는 물건이 있어?

20

20

20

20

20

29

What's the most uncomfortable thing you've been
doing lately? What's going on?

최근에 가장 불안했던 일이 뭐야?
그 일은 지금 어떻게 되었어?

20

20

20

20

20

Let's express yourself in three words today.

오늘의 자신을 세 단어로 표현해본다면?

20

20

20

20

20

31

If you die tomorrow, how would you like to spend today?

내일 죽는다면 오늘을 어떻게 보내고 싶어?

20

20

20

20

20

4

APRIL

"사막은 무척 아름다워요.
사막이 아름다운 것은
오아시스를 숨기고 있기 때문이에요."

★　★　★

1

If you were a little prince, what name would you give your rose?

네가 어린 왕자라면 너의 장미에게
어떤 이름을 붙여주고 싶어?

20

20

20

20

20

Who is the hardest person you know to live with?

아는 사람 중에 가장 열심히 살고 있는 사람은 누구야?

20

20

20

20

20

3

What's the biggest change that
ever happened to you in the past year?

지난 한 해 동안 너에게 있었던 가장 큰 변화는 뭐야?

20

20

20

20

20

What's the biggest problem you have right now?

지금 가지고 있는 가장 큰 고민은 뭐야?

20

20

20

20

20

5

Describe your own room in detail.

네 방을 구체적으로 묘사해줘.

20

20

20

20

20

If I compare you to an animal, what animal is it like?

너를 동물에 비유하자면 어떤 동물에 가까울까?

20

20

20

20

20

7

What's the longest distance you've walked?

가장 멀리 걸어본 거리는 얼마나 돼?

20

20

20

20

20

8

What's the longest distance you've ever run?

가장 멀리 달려본 거리는 얼마나 돼?

20

20

20

20

20

9

What's your idea or plan that came into your head?

지금 머릿속에 떠오른 아이디어나 계획은 어떤 거야?

20

20

20

20

20

How do you respond when your friends or family are sad?

친구나 가족이 슬퍼할 때 어떻게 대응해?

20

20

20

20

20

11

Do you tend to follow your heart
when making important decisions?

중요한 결정을 내릴 때 마음이 시키는 대로 따르는 편이야?

20

20

20

20

20

Who is your best friend?

가장 친한 친구는 누구야?

20

20

20

20

20

13

How far do you plan your trip before you leave?

떠나기 전에 여행계획을 어디까지 세워?

20

20

20

20

20

What do you do when you've done all the work you have to do?

해야 할 일을 다 하고 나면 어떻게 해?

20

20

20

20

20

15

What would you do when you saw a crying child?

울고 있는 아이를 보면 어떻게 할래?

20

20

20

20

20

What is the word 'success' means to you?

너에게 성공이란 어떤 거야?

20

20

20

20

20

17

Do you have any favorite characters such as animation,
movie, drama, novel?

애니메이션, 영화, 드라마, 소설 주인공 등
좋아하는 캐릭터가 있어?

20

20

20

20

20

18

Do you have any favorite animal?

좋아하는 동물이 있어?

APR

20

20

20

20

20

19

If you love someone now,
what do you like most about him/her?

지금 사랑하는 사람이 있다면 그 사람의 어떤 점이 가장 좋아?

20

20

20

20

20

How do you deal with hard work which you are faced with?

힘든 일을 맞닥뜨렸을 때 어떤 마음으로 처리해?

20

20

20

20

20

21

Can you really say to you 'Good Night' today?

오늘은 진심으로 'Good Night'이라고 말할 수 있어?

20

20

20

20

20

Who makes you laugh the most these days?

요즘 너를 가장 많이 웃게 하는 사람은 누구야?

20

20

20

20

20

23

Can you rename the place you are now imaginatively?

**지금 네가 있는 장소의 이름을
상상력이 들어간 이름으로 고쳐본다면?**

20

20

20

20

20

Have you ever had an experience that
your imagination came true?

상상이 현실이 된 경험을 한 적 있어?

APR

20

20

20

20

20

25

What do you think when you see the
cherry-blossom tree?

벗나무를 보면 어떤 생각이 들어?

20

20

20

20

20

What was the first instrument you played?

맨 처음 연주해본 악기는?

20

20

20

20

20

27

When and where was the last time you went mountain climbing?

가장 마지막으로 등산을 한 건 언제, 어느 곳이야?

20

20

20

20

20

When and where was the last time you saw the sea?

가장 마지막으로 바다를 본 건 언제, 어느 곳이야?

20

20

20

20

20

29

Which café do you go often and why?

자주 가는 카페와, 그곳을 자주 찾는 이유는?

20

20

20

20

20

What would you do first if you were
lost in a strange place?

낯선 곳에서 길을 잃었다면 가장 먼저 뭘 할 것 같아?

20

20

20

20

20

Le Petit Prince

5

MAY

"비밀을 하나 알려줄게.
아주 간단한 건데,
마음으로 봐야 잘 보인다는 거야.
정말 중요한 것은 눈에 보이지 않아."

★　★　★

1

Who was your first love?

첫사랑은 어떤 사람이었어?

20

20

20

20

20

Does people you don't want to get close
have commonalities?

네가 가까워지고 싶지 않은 사람들에게 공통점이 있다면?

/0

/0

/0

/0

/0

3

Does people you found attractive
have commonalities?

네가 매력적이라고 생각하는 사람들에게 공통점이 있다면?

20

20

20

20

20

What's your special ability?

네가 가장 잘하는 건 뭐야?

20

20

20

20

20

5

Usually you talk or listen?

대화할 때 말하는 편이야, 듣는 편이야?

20

20

20

20

20

What's the worst things that could happen today?

오늘 일어날 수 있는 가장 최악의 일은 뭐야?

/0

/0

/0

/0

/0

7

What is my own healing routine?

나만의 힐링 루틴을 찾아볼까?

/0

/0

/0

/0

/0

How do you feel when you visit a new place?

새로운 장소를 방문하면 어떤 느낌이 들어?

20

20

20

20

20

9

Who's the closest person you've ever lived with?

함께 사는 사람 중 가장 가까운 사람은 누구야?

20

20

20

20

20

Who's the closest person in your family?

가족 중 가장 가까운 사람은 누구야?

20

20

20

20

20

11

Can you describe your life by one word?

오늘까지의 네 삶을 한 마디로 정리해보면 어때?

20

20

20

20

20

Where do you spend the longest time in a day?

하루에 가장 오래 시간을 보내는 곳은 어디야?

20

20

20

20

20

13

What do you want to say to yourself now?

지금 스스로에게 무슨 말을 해주고 싶어?

20

20

20

20

20

When was the last time you cried?

마지막으로 울었던 때는 언제였어?

20

20

20

20

20

15

Do you know what your health is like now?

자신의 건강이 지금 어떤 상태인지 알고 있어?

20

20

20

20

20

What's the status of your room or your house now?

지금 네 방이나 집의 상태는 어때?

/0

/0

/0

/0

/0

17

Let's write down what's in your wallet now.

지금 지갑 속에 들어 있는 것들을 적어보자.

20

20

20

20

20

18

What is your least favorite housework and
your favorite housework?

가장 하기 싫은 집안일과 가장 좋아하는 집안일이 뭐야?

20

20

20

20

20

19

네가 한 거짓말 중 가장 최악의 결과를 가져온 건 뭐였어?

20

20

20

20

20

Let´s express myself in color today.

오늘의 나를 색으로 표현해보자.

20

20

20

20

21

Who made you laugh today?

오늘 너를 웃게 한 존재는 누구야?

20

20

20

20

20

Are you neat or dirty?

깔끔한 편이야, 지저분한 편이야?

20

20

20

20

20

23

What is your MBTI?

너의 MBTI는 뭐야?

/ ()

/ ()

/ ()

/ ()

/ ()

If you could go back 30 minutes, when would you go back?

과거로 30분만 돌아갈 수 있다면 언제로 돌아갈 거야?

20

20

20

20

20

25

How often do you go to the library?

도서관에 얼마나 자주 가는 편이야?

20

20

20

20

20

What is the most memorable dream you've had recently?

최근 꾼 꿈 중에서 가장 기억에 남는 내용은 뭐야?

20

20

20

20

20

27

Who was the first gift you bought this year for?

올해 처음 산 선물은 누구를 위한 거였어?

20

20

20

20

20

28

What do you want to cut off the most from your life?

네 삶에서 가장 끊어내고 싶은 것이 있다면?

20

20

20

20

20

29

Where do you live when you are sixty?

예순 살이 되었을 때 너는 어디에서 살고 있을까?

/0

/0

/0

/0

/0

What's the best dish you can cook?

네가 가장 잘하는 요리는 뭐야?

20

20

20

20

20

31

What do you think of a romantic life?

낭만적인 삶이란 무엇이라고 생각해?

/0

/0

/0

/0

/0

JUNE

"네가 나를 길들인다면
우리는 서로 필요한 존재가 되는 거야.
나한테 너라는 존재는
세상에 하나밖에 없는 사람이 되는 거고,
너한테 나는 세상에 하나밖에 없는
여우가 되는 거니까."

★　★　★

1

What was the happiest thing in the day?

오늘 하루 가장 행복했던 일은?

20

20

20

20

20

To whom you wrote letter by hand recently?

마지막으로 쓴 손편지의 상대는 누구야?

20

20

20

20

20

3

What was the funniest play in your childhood?

어린 시절 가장 재미있게 했던 놀이는?

20

20

20

20

20

Has anyone been kind to you today?

오늘 너에게 친절히 대해준 사람이 있어?

20

20

20

20

20

5

If you have superpowers, what would you like to have?

만약 초능력을 가지게 된다면 어떤 능력을 가지고 싶어?

20

20

20

20

20

Do you have a habit that you can't fix?

고치고 싶은데 못 고치고 있는 습관이 있어?

20

20

20

20

20

7

Do you have a habit of sticking out when you're nervous?

긴장할 때 튀어나오는 버릇이 있어?

20

20

20

20

20

What's the most regrettable act you've ever done
to someone you love?

사랑하는 사람에게 했던 가장 후회스러운 행동은 뭐야?

20

20

20

20

20

9

Is there anyone you admire?

네가 동경하는 사람이 있어?

20

20

20

20

20

What job you want to get?

네가 동경하는 직업이 있어?

20

20

20

20

20

11

Is there a scenery you fell in love with at first sight?
Where are you?

첫눈에 반한 풍경이 있어? 그곳이 어디야?

20

20

20

20

20

What do you want to say to yourself at the age of 20?

스무 살의 너에게 하고 싶은 말은?

20

20

20

20

20

13

How many friends do you have to be open-minded?

속마음을 털어놓는 친구가 몇 명 있어?

20

20

20

20

20

Where do you go frequently these days?

요즘 가장 자주 가는 공간은 어디야?

20

20

20

20

20

15

How much water did you drink today?

오늘 물을 얼마나 마셨어?

20

20

20

20

20

What do you regret that you haven't done it as a teenager?

10대에 해보지 않아서 후회되는 일은 뭐가 있을까?

20

20

20

20

20

17

Do you have a book of movie that you couldn't finish?

읽다가 포기한 책이나 영화가 있어?

20

20

20

20

20

Do you have any special way to spend Friday or Saturday?

금요일이나 토요일을 보내는 특별한 방법이 있니?

20

20

20

20

20

19

Is there something you really want to protect?

꼭 지키고 싶은 무언가가 있어?

20

20

20

20

20

Last night, what did you think in the bed?

지난 밤, 자기 전에 어떤 생각을 하면서 잠들었어?

20

20

20

20

20

21

Just tell me three of your shortcomings.

네가 생각하는 너의 단점을 세 가지만 이야기해줘.

20

20

20

20

20

Just tell me three of your strengths.

네가 생각하는 너의 장점을 세 가지만 이야기해줘.

20

20

20

20

20

23

What do you do when you feel stuffy?

마음이 답답할 때 어떻게 해?

20

20

20

20

20

Who do you think understands you best?

너를 가장 잘 이해해주는 사람은 누구라고 생각해?

20

20

20

20

20

25

What do you think of the ideal type?

네가 생각하는 이상형의 모습은?

20

20

20

20

20

Do you have any period in your life you want to erase?

인생에서 가장 지우고 싶은 때가 있니?

20

20

20

20

20

27

Is what you're doing now what you most wanted to do?

네가 지금 하고 있는 일이 가장 하고 싶은 일이야?

20

20

20

20

20

What is your first priority when choosing something?

무언가를 선택할 때 가장 우선적으로 생각하는 것은 뭐야?

20

20

20

20

20

29

If you say "I love you" to someone today,
Who do you want to do that to?

**오늘 누군가에게 사랑한다고 말해준다면,
누구에게 그러고 싶어?**

20

20

20

20

20

Tell me your favorite word and what it means.

네가 좋아하는 단어와, 그 뜻은 무엇인지 말해줘.

20

20

20

20

20

Le Petit Prince

7

JULY

어린 왕자는 용기를 내어 지리학자에게 물었다.
"어느 별을 여행하면 좋을까요?"
지리학자가 대답했다.
"지구라는 별에 가보렴. 아주 괜찮다더구나."
어린 왕자는 일곱 번째 별인 지구에 도착했다.
지구는 이제까지 여행한 별들과 달랐다.

★　★　★

1

Do you know the bestselling book of the year?

올해의 베스트셀러를 알고 있어?

20

20

20

20

20

Do you have anyone you respect?

존경하는 사람이 있어?

20 _____

20 _____

20 _____

20 _____

20 _____

3

When was the last time you drank alone?

마지막으로 혼자 술을 마신 건 언제야?

20

20

20

20

20

Have you ever traveled alone?

혼자서 여행을 가본 적이 있어?

20

20

20

20

20

5

What type of person do you like?

너는 어떤 타입의 사람을 좋아해?

20

20

20

20

20

Have you ever received a gift from an unexpected person?

생각지도 못한 사람에게서 선물을 받은 적이 있어?

20

20

20

20

20

7

가장 마지막으로 춤춘 건 언제였어?

20

20

20

20

20

8

Did you learn anything new today?

오늘 새롭게 배운 게 있어?

20

20

20

20

20

9

What's the last thing on your check list
before you go on a trip?

여행을 떠나기 전에 가장 마지막으로 체크하는 건 뭐야?

20

20

20

20

20

Do you have a gift only for yourself?

너 스스로에게 주고 싶은 선물이 있어?

20

20

20

20

20

11

기억을 잘하기 위한 너만의 비법이 있어?

20

20

20

20

20

12

Do you have your own methods for good memory?

너만의 산책 코스가 있어?

20

20

20

20

20

13

What did you have for dinner tonight?

오늘 저녁은 뭘 먹었어?

20

20

20

20

20

14

Can you tell me if there's a little romance you've got?

너만이 가진 작은 낭만이 있다면 알려줄래?

20

20

20

20

20

15

Have you ever forgiven someone?

누군가를 용서해본 적이 있어?

20

20

20

20

20

16

What's the good thing about being your age now?

지금 나이가 되어서 좋은 점은 뭐가 있을까?

20

20

20

20

20

17

How do you feel when you think of tomorrow?

내일을 생각하면 어떤 기분이 들어?

20

20

20

20

20

Have you ever felt that the world is interesting?

세상이 흥미롭다고 느낀 적 있어?

20

20

20

20

20

19

If you could be a star, what kind of star would you be?

별이 될 수 있다면 어떤 별이 되고 싶어?

20

20

20

20

20

What do you do when you feel an irresistible temptation?

참기 힘든 유혹을 느낄 땐 어떻게 해?

20

20

20

20

20

21

What kind of adversity do you think you should overcome?

헤쳐나가야 할 네 몫의 역경이 있니?

20

20

20

20

20

If you changed your name, which one is for you?

이름을 바꾼다면 어떤 이름으로 바꾸고 싶어?

20

20

20

20

20

23

Have you ever imagined how you would feel
if you were as beautiful as a goddess?

신처럼 아름답다면 기분이 어떨지 상상해본 적 있어?

20

20

20

20

20

24

What was the most romantic idea you ever had?

가장 낭만적인 상상은 뭐였어?

20

20

20

20

20

25

Have you ever received the same gift twice?

똑같은 선물은 두 번 받은 적이 있어?

20

20

20

20

20

Are there any celebrities you are interested in right now?

지금 관심 갖는 연예인이 있어?

20

20

20

20

20

JUL

27

What was it that you should have given up on in your life so far?

지금까지의 인생에서 포기했어야 했던 것은 뭐였어?

20

20

20

20

20

What was your first experience recently?

최근에 처음으로 경험한 일은 뭐야?

20

20

20

20

20

29

What was your warmest memory of childhood?

어린 시절을 떠올릴 때 가장 포근했던 기억은 뭐야?

20

20

20

20

20

What was the most useless gift you've ever received?

여태껏 받은 것 중 가장 쓸모없는 선물은 뭐였어?

20 _____

20 _____

20 _____

20 _____

20 _____

31

Who will be the one if you love only one person in your whole life?

평생 한 사람만 사랑한다면 누구일 것 같아?

20

20

20

20

20

AUGUST

"꽃들은 연약하고 순수해요.
나름대로 자신을 지키는 거라고요.
가시가 있으면 무섭게 보인다고
생각하는 거예요."

★　　★　　★

1

The mountain vs the sea, the countryside vs the city,
Where would you like to go on a trip?

산 VS 바다, 시골 VS 도시. 여행을 떠난다면 어디가 좋아?

/()

/()

/()

/()

/()

Where was your last destination for trip?

가장 최근에 떠난 여행지는 어디였어?

/11

/11

/11

/11

/11

3

What was the most expensive ticket you bought?

가장 비싸게 주고 산 입장권이나 티켓은 어떤 거였어?

Among your friends, who lives the furthest?

가장 멀리 사는 친구는 누구야?

/0

/0

/0

/0

/0

5

How long can you wait for someone else?

얼마나 오랫동안 다른 사람을 기다릴 수 있니?

20

20

20

20

20

Is there any food that makes you feel better
when you are depressed?

우울할 때 먹으면 기분이 좋아지는 음식이 있어?

20

20

20

20

20

7

What makes you go to see a doctor recently?

가장 최근에 병원에 갔던 이유는 뭐였어?

20

20

20

20

20

If you could be someone else for just one day, who would you be?

단 하루만 다른 사람이 될 수 있다면 누가 되고 싶어?

20

20

20

20

20

9

I wonder how often you spend your time alone.

혼자만의 시간을 얼마나 자주 갖는지 궁금해.

20

20

20

20

20

Have you ever regretted after you spent the money?

돈을 쓰고 나서 아까웠던 적이 있어?

/ ()

/ ()

/ ()

/ ()

/ ()

11

What word would best describe you?

너와 가장 잘 어울리는 단어를 하나 골라본다면?

/ㅁ

/ㅁ

/ㅁ

/ㅁ

/ㅁ

What is your favorite food?

네가 가장 좋아하는 음식은 뭐야?

13

From where do you usually get information if you have a question?

궁금한 게 생겼을 때 주로 어디서 정보를 얻어?

/0

/0

/0

/0

/0

What movie did you see more than twice? For what reasons?

두 번 이상 본 영화는 어떤 거야? 이유는 뭐였어?

20

20

20

20

20

15

Can you describe the color of the ocean
rising in your head right now?

지금 떠오르는 바다의 색깔을 묘사해줄래?

What was it that you didn't regret after you threw it away?

버리고 나서도 후회하지 않았던 것은 뭐였어?

20

20

20

20

20

17

What is your biggest weakness?

너의 가장 큰 단점은 뭐라고 생각해?

20

20

20

20

20

Do you have a place that comes to mind when it rains?

비가 내리면 떠오르는 장소가 있어?

/ㅁ

/ㅁ

/ㅁ

/ㅁ

/ㅁ

19

올해 있었던 가장 당황스러운 일은 뭐였어?

20

20

20

20

20

Do you know how much your property is?

너의 전 재산이 얼마인지 알고 있어?

21

Have you ever thought that you shouldn't be like this?

이대로면 안 된다는 생각이 들었던 적이 있어?

What was the content of the mail or text message that
required the biggest courage before sending?

보내기 전에 가장 큰 용기가 필요했던
메일이나 문자는 어떤 내용이었어?

20

20

20

20

20

23

How many times have you stayed up all night
in half a year? Why did you stay up all night?

**반년 동안 밤을 새운 적이 몇 번이나 있어?
왜 밤을 새워야 했어?**

When was the last time you went to bookstore?

가장 마지막으로 서점에 간 건 언제야?

20

20

20

20

20

25

Can you write down the first sentence of the nearest book?

가장 가까이 있는 책의 첫 문장이 뭔지 적어줄래?

20

20

20

20

Can you write down the last sentence of the nearest book?

가장 가까이 있는 책의 마지막 문장이 뭔지 적어줄래?

27

Does anyone make you feel awkward of
uncomfortable at home or work?

가족이나 직장에 어색하고 불편한 사람이 있어?
왜 그 사람이 불편할까?

20

20

20

20

20

What is your biggest worry now? Why are you worried?

지금 너의 가장 큰 고민은 뭐야? 왜 고민이야?

20

20

20

20

20

29

What's the only reason that ruined today?

오늘 하루를 망친 단 한 가지 원인을 꼽아본다면 뭐가 있을까?

20

20

20

20

20

What is the most frequently used App these days?
How often do you use a week?

요즘 가장 자주 사용하는 앱(App)은 어떤 거야?
일주일에 얼마나 사용해?

20

20

20

AUG

20

20

31

What's the most pleasant word you've heard recently?

최근에 들었던 말 중 가장 기분 좋은 말은?

20

20

20

20

20

SEPTEMBER

"언제라도 다시 돌아갈 수 있게
별이 빛나는 것일까?
내 별을 봐.
내 머리 위에서 반짝이고 있어."

1

What job is the best for you?

네가 생각하는 꿈의 직장은 어디야?

20

20

20

20

20

What if you give score for where you're working?

지금 일하고 있는 곳에 점수를 준다면?

/0

/0

/0

/0

/0

3

Can you find something good for
someone who isn't favorable to you?

네게 호의적이지 않은 사람에게도 좋은 점을 찾을 수 있을까?

20

20

20

20

20

Can you tell me the most hasty decision
you made and the result?

가장 성급한 결정을 내렸던 일과 그 결과를 알려줄래?

/0

/0

/0

/0

/0

5

What's the biggest mistake you've made lately?

최근에 한 가장 큰 실수는 뭐야?

20

20

20

20

20

6

What's the most expensive thing you have?

가지고 있는 물건 중에 가장 비싼 물건은 뭐야?

20

20

20

SEP

20

20

7

What's the most emphatic rejection you've made lately?

최근에 가장 단호하게 거절했던 일은 무엇이야?

20

20

20

20

20

8

When was the last time you exercised
until you were out of breath?

마지막으로 숨이 헉헉댈 때까지 운동했던 건 언제야?

SEP

20

20

20

20

20

9

Who's the most different from your first
impression among the people around you?

네 주변 사람들 중 첫인상과 가장 다른 사람은 누구야?

20

20

20

20

20

If you were an animal, what kind of animal is it?

네가 동물이라면 어떤 동물일까?

20

20

20

20

20

11

What kind of animal do you like as a pet?

반려동물을 기른다면 어떤 동물이 좋아?

20

20

20

20

20

How much can you drink?

술을 얼마나 마실 수 있어?

20

20

20

20

20

13

Has anyone ever made something for you?

누군가가 너를 위해 무언가를 직접 만들어준 적이 있어?

20

20

20

20

20

14

Is there anything you really want to
say to your parents?

부모님에게 꼭 하고 싶은 말이 있다면?

20

20

20

20

20

15

Write down the title of the most important news
you've ever read today.

오늘 읽은 뉴스 중 가장 중요한 뉴스의 제목을 적어봐.

20

20

20

20

20

When did you go to bed yesterday?

어제 몇 시에 잠자리에 들었어?

20

20

20

20

20

17

What is your favorite TV program these days?

요즘 즐겨 보는 TV 프로그램은 뭐야?

20

20

20

20

20

18

What's the maximum amount you can spend per day?

하루에 쓸 수 있는 최대 금액은 얼마야?

20

20

20

20

SEP

20

19

What's the oldest present you have and who gave it to you?

가지고 있는 것 중에 가장 오래된 선물은 뭐고 누가 준 거야?

20

20

20

20

20

20

Do you have any musical instruments that you can play?
If not, what kind of instrument you want to learn?

연주할 수 있는 악기가 있어?
혹시 없다면 어떤 악기를 배우고 싶어?

20

20

20

20

20

21

When was the last time you had a meal with your parents?

가장 최근에 부모님과 식사한 때는 언제야?

20

20

20

20

20

What was the most memorable gift?

가장 기억에 남는 선물은 뭐였어?

20

20

20

20

20

23

Who comes to your mind first when you eat delicious food?

맛있는 음식을 먹을 때 가장 먼저 생각나는 사람은 누구야?

20

20

20

20

20

How many people can meet you in casual attire?

편한 차림으로 만날 수 있는 사람이 몇이나 있어?

20

20

20

20

20

25

What was the most interesting thing that
happened on the trip?

여행지에서 생겼던 가장 재미있었던 일은 뭐였어?

20

20

20

20

20

How many things can you do at once?

한 번에 몇 개의 일을 처리할 수 있어?

20

20

20

20

20

27

What time did you get up this morning?
Why was it that time?

오늘 아침에 몇 시에 일어났어? 왜 그 시간이었어?

20

20

20

20

20

28

What was the most recent call you received?

가장 최근에 받은 전화는 어떤 거였어?

20

20

20

20

20

29

What was the gift you most wanted
to receive in your childhood?

어렸을 때 가장 받고 싶었던 선물은 뭐였어?

20

20

20

20

20

Why do you think your existence is so special?

네 존재가 특별한 이유는 뭐라고 생각해?

20

20

20

20

20

Le Petit Prince®

OCTOBER

"다른 사람을 심판하는 것보다
자신을 심판하는 것이 훨씬 어려운 법이야.
너 자신을 심판할 수 있다면,
넌 정말 지혜로운 사람일 거야."

★　★　★

1

Who did you have the best meal with?

가장 근사했던 식사는 어디서 누구와 함께한 자리였어?

20

20

20

20

20

Is there anyone you really want to meet
at the last moment of your life?

삶의 마지막 순간에 꼭 부르고 싶은,
만나고 싶은 사람이 있어?

20

20

20

20

20

3

Is there anything you cannot forgive?

이것만큼은 용서할 수 없다고 생각하는 게 있어?

/0

/0

/0

/0

/0

Name something you haven't used since you bought it.

구입한 뒤 한 번도 안 쓴 물건은 어떤 거야?

20

20

20

20

20

5

How do you get over it when you're depressed?

우울할 때면 어떻게 극복해?

20

20

20

20

20

Where is the most painful part of your body?

몸에서 가장 아픈 부위는 어디야?

20

20

20

20

20

7

Do you have anyone or situation that you're nervous about?

네가 긴장하는 상대나 상황이 있어?

20

20

20

20

20

Do you remember the color of the leaves you saw on the street today?

오늘 거리에서 본 나뭇잎이 어떤 색이었는지 기억나?

20

20

20

20

20

9

What's the keyword you search most these days?

요즘 가장 많이 검색하는 키워드는 뭐야?

20

20

20

20

20

What comes to your mind first when the cold wind blows?

찬바람이 불면 가장 먼저 생각나는 것은 무엇이야?

20

20

20

20

20

11

If there's someone you're most sorry about right now, who is it?

지금 가장 미안하게 생각되는 사람이 있다면 누구야?

20

20

20

20

20

How do you think the happiest way to leave this world?

이 세상을 떠날 때 어떻게 떠나는 게
가장 행복한 거라고 생각해?

20

20

20

20

20

13

What if you describe your favorite scent
in more than two sentences?

가장 좋아하는 향기를 두 문장 이상으로 설명한다면?

20

20

20

20

20

What book did you recommend to your friend recently?

최근에 친구에게 추천해준 책이 있다면?

20

20

20

20

20

15

Is there something you want to fix?

고치고 싶은 부분이 있어?

20

20

20

20

20

16

What can't you endure?

네가 도저히 참을 수 없는 것은?

OCT

17

What is the most memorable passage you've read recently?

최근에 읽은 책 중 기억나는 구절은?

20

20

20

20

20

18

Who comes to mind the most when the leaves fall?

낙엽이 떨어질 때 가장 생각나는 사람은?

20

20

20

20

20

19

Was there anything you couldn't have even tried?

노력해도 가질 수 없었던 것이 있었어?

20

20

20

20

20

Do you have a motto?

좌우명이 있어?

20

20

20

20

20

21

Can you give up everything else to get something?
So what is it?

**어떤 것을 얻기 위해 다른 모든 것을 포기할 수 있을까?
그렇다면 그건 무엇일까?**

20

20

20

20

20

If you could make a law, what kind of law would you like to make?

네가 법을 만들 수 있다면 어떤 법을 만들고 싶어?

20

20

20

20

20

23

Who do you want to go with if you go on a trip?

여행을 떠난다면 누구랑 같이 가고 싶어?

20

20

20

20

20

Who was the first person you met today?

오늘 가장 먼저 만난 사람은 누구야?

20

20

20

20

20

25

What do you want to say to yourself now?

지금 스스로에게 해주고 싶은 말은?

20

20

20

20

20

What do you remember today?

오늘 있었던 일 중 무엇이 기억에 남아?

20

20

20

20

20

27

Is there a travel destination you want to go alone?

혼자 떠나고 싶은 여행지가 있어?

20

20

20

20

20

When was the first time you got the flowers?

가장 처음 꽃을 받은 게 언제야?

20

20

20

20

20

29

Do you like to talk? or to listen?

평소 이야기하는 편을 좋아해?
아니면 듣는 것을 좋아해?

20

20

20

20

20

What is the most regrettable thing you've done for love?

사랑 때문에 저질렀던 가장 후회되는 일은?

20

20

20

20

20

31

If you give warm words to your best friend,
what would you say?

친한 친구에게 따뜻한 말을 건넨다면,
무슨 말을 하고 싶어?

20

20

20

20

20

11

NOVEMBER

"세상에서 가장 어려운 일은
사람이 사람의 마음을 얻는 일이야."

★ ★ ★

1

What is the most important value in your relationship?

네가 사람을 사귈 때 가장 중요하게 생각하는 가치는 뭐야?

20

20

20

20

20

When did you get the sense of achievement in recent years?

최근에 성취감을 느낀 것은 어떤 때였어?

20

20

20

20

20

3

If you buy a car, what kind of car do you want?

차를 산다면 어떤 차를 가지고 싶어?

/0

/0

/0

/0

/0

What was the most demanding thing you've done this week?

이번 주에 가장 무리했던 일은 뭐였어?

20

20

20

20

20

5

Are you a morning person or a night person?

너는 아침형 인간일까, 저녁형 인간일까?

20

20

20

20

20

What do you think you can do to achieve your goal?

목표를 이루기 위해 무슨 일까지 할 수 있을 것 같아?

/0

/0

/0

/0

/0

7

What is your favorite accessory?
How often do you wear it?

가장 좋아하는 액세서리는 어떤 거야?
얼마나 자주 착용해?

/0

/0

/0

/0

/0

Describe your hairstyle as romantic as possible now.

지금 네 헤어스타일을 가능한 한 낭만적으로 묘사해줘.

20

20

20

20

20

9

Do you have a secret story for your eyes only?

아무에게도 말하지 않은 비밀 한 가지는?

20

20

20

20

20

10

What is today's breakfast, lunch, and dinner menu?

오늘의 아침, 점심, 저녁 메뉴는?

/0

/0

/0

/0

/0

NOV

11

What is the most delicious food you can make?

네가 가장 자신 있게 만들 수 있는 요리는?

20

20

20

20

20

Do you ever feel lonely? When?

외롭다고 느낄 때가 있어? 언제 그렇니?

20

20

20

20

20

13

What do you want to hear the most today?

오늘 네가 가장 듣고 싶은 말은?

20

20

20

20

20

What is the most difficult time in life so far?

지금까지의 인생에서 가장 힘들었던 시간은?

20

20

20

20

20

15

Is there anyone you'll never be able to reconcile?
Why don't you make up?

평생 화해할 수 없을 것 같은 사람이 있어?
왜 화해할 수 없을 것 같아?

/ ( )

/ ( )

/ ( )

/ ( )

/ ( )

16

What do you do first when you wake up in the morning?

아침에 일어나서 가장 먼저 하는 일은?

20

20

20

20

20

17

What makes you feel good?

너를 즐겁게 해주는 것은 뭐야?

20

20

20

20

20

What was the happiest time of your life?

살아오면서 가장 행복했던 시간은?

20

20

20

20

20

19

Let's share thankful moment
even the very little things.

사소해도 좋아, 오늘 하루 감사했던 일을 찾아보자.

20

20

20

20

20

When was the last time you were angry?
What's the story?

최근에 가장 화가 났던 때는 언제야? 무슨 일로 그랬어?

20

20

20

20

20

21

What do you think your lacking point?

너에게 부족한 것은 무엇이라고 생각해?

20

20

20

20

20

Do you think you're a perfectionist?

스스로 완벽주의자라고 생각해?

20

20

20

20

20

23

Do you remember how many glasses of water
you drank today?

오늘 하루 물을 몇 잔이나 마셨는지 기억나?

/ /

/ /

/ /

/ /

/ /

What's in your image that
you don't want to change after decades?

10년, 20년, 30년이 지나도
변하지 않았으면 하는 네 모습에는 뭐가 있니?

/1)

/1)

/1)

/1)

/1)

25

Tell me the lyrics that you like best.

좋아하는 노래 중 가장 좋아하는 가사를 알려줘.

20

20

20

20

20

Where do you want to go most now?

지금 가장 가고 싶은 장소는?

/ /

/ /

/ /

/ /

/ /

27

Do you have your own jinx?

너만의 징크스가 있다면 소개해줄래?

20

20

20

20

20

What is your greatest strength?

너의 가장 큰 장점은 어떤 거야?

20

20

20

20

20

29

How many times you look at the sky today?

오늘 하루 하늘을 몇 번 올려다보았어?

20

20

20

20

20

Do you remember how many times
you laughed out loud today?

오늘 하루 크게 소리 내어 몇 번 웃었는지 기억해?

/ㅐ

/ㅐ

/ㅐ

/ㅐ

/ㅐ

Le Petit Prince®

"오직 하나뿐인 꽃을 사랑하는 사람은
수백만 개의 별을 바라보는 것만으로도
행복할 거예요.
그는 마음속으로 '내가 사랑하는 꽃이
저 별 어딘가에 있겠지……'라고
생각할 테니까요.

★　★　★

1

Where do you want to go when the first snow comes?

첫눈이 올 때 어디에 있고 싶어?

20

20

20

20

20

What do you want to be in the eyes of others?

다른 사람들 눈에 어떻게 보이고 싶어?

20

20

20

20

20

3

What kind of friend do you think is true?

네가 생각하는 참다운 친구는 어떤 사람이야?

20

20

20

20

20

What do you want to hear the most from someone you love?

사랑하는 사람에게 가장 듣고 싶은 말이 뭐야?

20

20

20

20

20

5

What kind of love do you want from now on?

앞으로 어떤 사랑을 하고 싶어?

20

20

20

20

20

What was the most unjust and resentful thing
you've been through lately?

최근에 겪은 가장 억울하고 분했던 일은?

20

20

20

20

20

7

Do you think efforts can change things?

노력이 상황을 바꿀 수 있다고 생각해?

20

20

20

20

20

Who do you envy the most now?

네가 지금 가장 부러워하는 대상은 누구야?

20

20

20

20

20

9

Do you love yourself?

너 자신을 사랑하니?

20

20

20

20

20

What is the greatest driving force in your life?

네 삶의 원동력은 뭐야?

20

20

20

20

20

11

Is there a moment in your life that you want to go back to?

지금까지의 인생에서 돌아가고 싶은 순간이 있어?

20

20

20

20

20

What are you trying to do for tomorrow
that is better than now?

지금보다 나은 내일을 위해서 어떤 일을 시도하고 있나?

20

20

20

20

20

13

What's the current profile picture?

현재 프로필 사진은 어떤 거야?

20

20

20

20

20

14

Have you ever overcome your fear and challenged something?

두려움을 극복하고 뭔가에 도전한 일이 있어?

20

20

20

20

20

15

Which word do you think best represents you?

어떤 단어가 가장 너를 잘 표현한다고 생각해?

20

20

20

20

20

16

Can you describe the most memorable scene of today?

오늘 하루 중 가장 기억에 남는 장면이 있다면 묘사해줄래?

20

20

20

20

20

17

What was the most healthy day of the week?

지난 일주일 중에
가장 컨디션이 좋은 요일이 언제였어?

20

20

20

20

20

18

When is the best time for concentration in a day?

하루 중 집중이 가장 잘 되는 시간은 언제야?

20

20

20

20

20

19

What color do you like the most?

어떤 색깔을 가장 좋아해?

20

20

20

20

20

What kind of life do you want to live?

어떤 삶을 살고 싶어?

20

20

20

20

20

21

Where do you feel most comfortable?

네가 가장 편안함을 느끼는 장소는 어디야?

20

20

20

20

20

22

What makes you the saddest lately?

최근에 가장 너를 슬프게 했던 일은 뭐야?

20

20

20

20

20

23

Tell me your plan for tomorrow.

내일의 계획을 들려줘.

20

20

20

20

20

What's your way of relieving stress?

스트레스를 해소하는 너만의 방법은?

20

20

20

20

20

25

Do you talk to someone you've never met before?
If so, what's the first question?

처음 만나는 사람에게 먼저 말을 거는 편이야?
만약 그렇다면 첫 질문은?

20

20

20

20

20

26

What was the most grateful thing today?

오늘 하루, 가장 감사했던 일은 무엇이야?

20

20

20

20

20

27

What was the most memorable day of this year?

올해 가장 기억에 남는 하루는 언제였어?

20

20

20

20

20

Tell three important jobs you have to finish this year.

올해 꼭 마무리해야 하는 일은 어떤 거야?

20

20

20

20

20

29

Write down three big things you must do next year.

내년에 해결해야 할 큰일 세 가지를 적어봐.

20

20

20

20

20

30

What is the luckiest thing in the year?

올해 가장 운이 좋았다고 생각하는 일은?

20

20

20

20

20

31

Write down your ten bucket lists.

너의 버킷리스트 10가지를 써봐.

20

20

20

20

20

어린 왕자
5년 후 나에게 : Q&A a day

초판 1쇄 펴낸 날 2022년 2월 22일
펴낸곳 더모던 **전화** 02)3141-4421 **팩스** 0505-333-4428
등록 2012년 3월 16일(제 313-2012-81호)
주소 서울시 마포구 성미산로32길 12, 2층 (우 03983)
E-mail sanhonjinju@naver.com
카페 cafe.naver.com/mirbookcompany

파본은 책을 구입하신 서점에서 교환해 드립니다.
책값은 뒤표지에 있습니다.

Le Petit Prince® ™ Property of POMASE (France).